AF267096

25
12
332

RECHERCHES

SUR

LA VIE ET LES ŒUVRES D'UNE PRÉCIEUSE,

PAR M. THÉRY,

PRÉSIDENT DE LA SOCIÉTÉ DES ANTIQUAIRES DE NORMANDIE,
DIRECTEUR DE L'ACADÉMIE DE CAEN.

MESSIEURS,

Je veux essayer de restaurer, devant vous, un portrait que deux cents ans de poussière ont bien effacé, celui d'une femme poëte, moitié Parisienne et moitié Normande, que la célébrité d'un moment est venue surprendre, et qui a été vraiment trop punie de ce lustre involontaire par un entier et rigoureux oubli.

Cette femme était de la société polie du XVIIe siècle dans sa première moitié. Elle comptait parmi les plus instruites, les plus délicates et les plus belles. Elle fut encouragée par la Sapho du temps, Mlle de Scudéri; liée avec Mme Deshoulières, sa contemporaine; louée par Pellisson, par Huet; portée aux nues par Ménage; en correspondance suivie avec Fléchier, dans la jeunesse de ce grand évêque; en rapport de lettres et d'amitié avec la nièce de Descartes, digne de comprendre son oncle, dont elle a écrit la vie. L'hôtel de Rambouillet, où elle était accueillie sous le nom d'*Iris* ou de la *dixième Muse*, faisait le plus grand cas de son esprit; enfin elle eut un jour d'éclat, lorsqu'elle s'avoua l'auteur d'une ode, fort admirée tout d'abord, quoique anonyme, à la louange de Louis XIV, après le fameux passage du Rhin.

Cette personne *illustre*, comme on disait alors, et que, par un jugement plus froid et plus équitable, nous qualifierions de *distinguée*, se nommait Marie-Anne de la Vigne.

Elle naquit en 1634; cette date n'est point contestée. Il n'en est pas de même du lieu de sa naissance. Tous les biographes, excepté un [1], la font naître à Vernon (Eure). Quoique jaloux de tout ce qui honore la Normandie, nous regardons comme vraisemblable qu'elle naquit à Paris.

Elle était bien de famille normande, car son aïeul, né à Vernon, y avait rempli avec honneur la charge d'échevin au temps de la Ligue, et il avait conservé vaillamment sa ville à Henri IV. Son père lui-même, Michel de la Vigne, également né à Vernon, y avait réussi dans un premier essai de pratique médicale; mais il était venu à Paris prendre, en 1614, le diplôme de docteur. Il est très-probable qu'il ne retourna pas en province, et qu'il accrut par degrés, à Paris même, sa clientèle et sa considération, car nous l'y retrouvons, en 1642, doyen de la Faculté et médecin du roi Louis XIII.

Mlle de la Vigne eut un frère, médecin aussi, mais probablement de volonté molle et de talent médiocre, s'il faut en croire le père, qui, dans un jugement exprimé en termes un peu crus (en latin, il est vrai), échangeait les rôles de son fils et de sa fille, augmentant les qualités de la seconde de tout ce qu'il refusait au premier [2].

La jeune fille annonça de bonne heure des dispositions pour la poésie. C'était le temps des stances galantes, des madrigaux, des sonnets de Job et d'Uranie, des raffinements de la pensée, des sentiments et du langage. Elle se préserva de ces mignardises. Elle maintint son esprit dans un milieu grave, mais non pas triste, souriant aux futilités littéraires de son époque, mais ne s'y livrant pas.

Son principal soin fut de conserver la dignité du caractère. Elle aimait uniquement le travail, et ne reculait pas devant les plus sérieuses études. Son auteur favori était Descartes, l'auteur à la mode, je le veux bien, mais que beaucoup lisaient sans le com-

---

[1] Celui qui a rédigé l'article de la *Biographie universelle.*

[2] D'après Ménage, naïvement cité par le P. Martin (*Athenæ Normannorum,* mss. de la bibliothèque de la ville de Caen), et dont nous respectons le texte latin au point de ne pas le traduire, M. de la Vigne avait coutume de dire : «Cum edidi natam, cogitabam de filio edendo; cum edidi filium, de filia cogitabam.»

prendre ; et notre héroïne le comprenait. Ferme dans sa résolution d'éviter le trouble des passions, elle rebutait jusqu'aux fadeurs qui semblaient alors de bon goût et presque d'obligation. Elle ne se laissait pas surprendre à ces dangereuses théories de l'amour pur qui remplissaient les conversations, les correspondances et les livres. Jolie et spirituelle, elle décourageait, par sa volonté bien accentuée et par ses répliques nettes et précises, ceux qui annonçaient la prétention, commune alors au moins en paroles, de languir et de mourir aux pieds de l'idole de leur choix. Plus sévère encore envers elle-même, elle ne voulut pas s'engager dans le mariage ; elle y eût perdu ses chers loisirs.

Elle aimait la gloire, sans la rechercher. Un succès lui donnait de la joie ; mais on sentait que, dans le cas d'un échec, ce ferme esprit aurait en lui-même de quoi se consoler.

Sa réputation poétique était acceptée de tout le monde. On la plaçait à côté de Mme Deshoulières, avec une nuance de talent plus mâle et plus correcte. On la croyait plus capable d'un chant lyrique que d'une peinture champêtre.

Son nom passa la frontière ; l'académie des *Ricovrati* de Padoue l'admit parmi ses membres.

De nos jours même, un juge fort grave, un chef d'école philosophique, qui se délasse à peindre de gracieux tableaux d'histoire, M. Cousin, passant en revue les amies de Mlle de Scudéri, cite Mlle de la Vigne, « qui a composé, dit-il, tant de jolis vers, dispersés dans les recueils de poésie galante [1]. »

Sa vie fut uniforme ; elle se passa dans des études sévères, tempérées par la poésie et par l'amitié. Il n'y faut chercher ni les coups de théâtre de l'imagination ni les événements du cœur.

Et comme si la destinée de Mlle de la Vigne devait porter jusqu'au bout le même caractère, l'excès du travail lui causa une infirmité qui afflige souvent les hommes d'étude, voués à une vie sédentaire. Elle y succomba, nous ne dirons pas, comme ses biographes, à la fleur de l'âge, mais dans la force de l'âge, à cinquante ans.

---

[1] *La Société française au XVIIe siècle*, t. II, p. 243.

— 4 —

A présent que la personne vous est connue, étudions, si vous le voulez bien, Messieurs, la femme poëte, et apprécions dans ses œuvres, c'est-à-dire dans les seuls incidents de sa vie, sa grâce un peu froide, son énergie un peu sèche, mais, en somme, des qualités assez hautes pour justifier cette espèce d'évocation d'une renommée disparue.

Les vers de Mlle de la Vigne sont disséminés en effet dans plusieurs recueils du temps, et, par là même, presque inédits, ce qui prouve jusqu'à un certain point qu'elle se contentait du suffrage des salons, et qu'elle ne cherchait pas à poser devant le public, comme quelques-unes de ses émules. J'ai puisé partout où j'espérais trouver quelques produits de sa veine [1]. J'en ai rencontré de tout à fait nouveaux et réellement inédits, dans les volumineux *Papiers de Conrart* [2]. On pourra les lire dans ce travail, quand il aura été imprimé; mais, aujourd'hui, le respect nécessaire des *vingt minutes* [3] ne me permettra que la lecture de quelques fragments. J'ajouterai que, malgré des recherches attentives, je ne puis répondre d'avoir tout découvert.

Il me serait difficile aussi de classer toujours dans un ordre chronologique rigoureux les pièces qui me sont tombées sous la main. J'ai eu cependant plusieurs fois cette bonne fortune; c'est assez pour reconnaître que, si Mlle de la Vigne perdit quelque chose de sa première vivacité poétique par le travail des années, elle fortifia de plus en plus, dans le genre tempéré et dans l'expression des idées graves, l'essence même de son talent.

Je commencerai par les pièces dont je n'ai pu déterminer la date.

Notre jeune savante avait été fort malade et même en danger de mort. Une muse, inconnue d'abord, et qui n'était autre qu'un poëte assez agréable, celui que Voltaire appelle [4] *le doux et faible*

[1] Voyez l'*Histoire de l'Académie française*, de Pellisson; le *Recueil de vers choisis*, du P. Bouhours; les *Chefs-d'œuvre poétiques des dames françaises*; l'*Histoire des grands évêques de France*, par M. l'abbé Delacroix; le *Menagiana*; Huet; Somaize; *Le Parnasse des dames*, de Sauvigny; la *Pandore*, de Vertron, etc.

[2] Mss. de la bibliothèque de l'Arsenal, t. IX et XIII.

[3] Temps officiellement accordé pour les lectures.

[4] *Temple du Goût.*

Pavillon, lui adressa une lettre en vers, datée des champs Élysées, pour la féliciter de son rétablissement, mais pour se plaindre que sa beauté et son esprit eussent troublé le repos de quelqu'une des ombres heureuses.

Mlle de la Vigne ne resta pas sous le coup de cette imputation; elle s'en défendit avec vigueur dans une réponse poétique, d'un ton à la fois sérieux et moqueur. La voici :

> Moi qui sus mourir et renaître,
> J'ai vu l'autre monde de près,
> Et n'ai point vu le myrte croître [1]
> Parmi les funestes cyprès.
>
> Jusqu'au bord de l'onde infernale
> L'Amour étend bien son pouvoir,
> Mais, passé la rive fatale,
> Le pauvre enfant n'a plus que voir.
>
> Là-bas, dans ces demeures sombres,
> Rien ne saurait tenter un cœur;
> Croyez-m'en plutôt que les ombres,
> Car il n'est rien de plus menteur.
>
> Il en est à mines discrètes
> Et d'un entretien décevant;
> Mais, fiez-vous à leurs fleurettes...
> Autant en emporte le vent.
>
> Sans dessein, sans choix, sans étude,
> D'autres soupirent tout le jour;
> Un certain reste d'habitude
> Leur fait encor parler d'amour.
>
> Enfin la mort aux morts ne laisse
> De leur amour qu'un souvenir,
> Sans que leur défunte tendresse
> Leur puisse jamais revenir.
>
> L'objet agréable et funeste
> Sur eux fait peu d'impression;

---

[1] On pouvait prononcer *craître*. Les exemples abondent.

Ombres qu'ils sont, il ne leur reste
Que des ombres de passion.

D'en naître là point de nouvelles.
Chaque blondin vaut un barbon,
Et la plus jeune demoiselle
Y paraît cent ans, ce dit-on.

C'est une chose insupportable
Que l'entretien d'un trépassé [1];
Car que sait-il, le misérable,
Que des contes du temps passé?

Aime-t-on des ombres de glace?
Quel feu tient contre leur froideur?
Faites-moi quelque autre menace,
Si vous voulez me faire peur.

Pour appuyer la prophétie [2],
Me défends-je avec tant d'effort
De tant d'honnêtes gens en vie,
Pour m'entêter d'un vilain mort?

Quoi! se méprendre de la sorte!
Je suis plus sage, je le sens.
S'il fallait aimer, vive ou morte,
Je saurais bien prendre mon temps.

Mais par bonheur, sans se méprendre,
On peut fuir l'amour et ses traits,
Et qui, vivant, sait s'en défendre,
Il en est quitte pour jamais.

Qui se sent prude et précieuse
Pour toujours est en sûreté,
Et, fût-elle peste [3] et rieuse,
Les rieurs sont de son côté.

Le dernier quatrain semble inutile et affaiblit à quelque degré

[1] Elle ne connaissait pas les merveilles du *spiritisme*.

[2] Laquelle? Je ne sais. On lui prédisait sans doute qu'il faudrait aimer tôt ou tard.

[3] Malicieuse.

ce qui précède. Avec un peu plus de goût et d'habitude des effets, le poëte se serait même arrêté sur ces deux vers lestes et piquants :

> S'il fallait aimer, vive ou morte,
> Je saurais bien prendre mon temps.

Mais enfin ce badinage, léger dans la forme, grave au fond, renferme des traits spirituels, rendus avec une concision presque virile. C'est l'accent clair et sec d'un parti pris.

A propos d'une circonstance moins sérieuse (il ne s'agissait que d'un mal d'yeux dont Mlle de la Vigne avait été affligée), nous rencontrons un des épisodes les plus curieux de cette vie chaste et toute littéraire.

Parmi les habitués de l'hôtel Rambouillet se trouvait l'abbé Fléchier, jeune encore, celui-là même qui écrivait la *Relation des grands jours d'Auvergne,* mais qui devait être plus tard l'illustre évêque de Nîmes. Sa réputation n'a jamais été même soupçonnée; mais alors, gagné par la manie du jour, il composait, avec beaucoup d'esprit et de grâce, des vers d'exquise galanterie. Il voyait, chez la marquise, cette jeune fille, qui semblait, comme le dit Pellisson, avoir été *allaitée par les Muses;* il goûtait son intelligence, ses tendances sérieuses, qui n'ôtaient rien à son enjouement. Quoique lié plus particulièrement avec Mme Deshoulières, il donnait à Mlle de la Vigne une grande part de son affection. L'indisposition de son amie lui inspira deux madrigaux *à Iris,* fort bien tournés vraiment, et dont l'idée dominante était que son mal d'yeux l'avait punie d'avoir fait tant de malheureux par ses regards. Il ajoutait que le fait était *historique;* que, cependant, il se sentait disposé à braver le courroux de ses beaux yeux.

La réponse, mêlée de prose et de vers, est enjouée, mais précise :

« Monsieur, écrit Mlle de la Vigne, il y avait tant de monde ici lorsque vous prîtes la peine d'y venir, que je ne pus vous rien dire des jolies choses que vous m'aviez envoyées. Vos madrigaux sont tout à fait agréables, et je n'y vois rien à réformer que le nom d'*historique.* Si vous prétendez, Monsieur, que le premier soit fondé en histoire, il faudra véritablement que ce soit en histoire apocryphe.

Non ce n'est point un châtiment,
Que ce cruel aveuglement!
Par de meurtrières œillades
Je n'ai point mérité cet accident fatal.
Mes yeux aux yeux d'autrui n'ont jamais fait de mal,
Que tandis qu'ils étaient malades.

« Ce n'est pas par là, Monsieur, que je suis redoutable, et quand je veux qu'on me craigne, je ne prétends pas que ce soit pour mes beaux yeux. Cependant je veux être crainte à quelque prix que ce soit; et, quoique le bon sens, le respect, l'amitié et la civilité se soient rendus à vos raisons d'intrépidité, je ne m'y rends nullement.

Fanfaron [1]! vous avez beau faire,
Il faut me craindre ou me déplaire;
Je pousse l'assurance à bout.
Je veux que l'on me considère,
Et je tiens qu'on n'estime guère
Les gens qu'on ne craint pas du tout.

« Voyez, s'il vous plaît, ce que vous avez à répondre à cela, et songez un peu sérieusement si vous voulez mériter le nom que je vous donne [2]. »

Fléchier ne se tint pas pour battu; mais, en homme d'un esprit fin et quelque peu diplomate, il se hâta d'envoyer à sa farouche correspondante, quoi?... une pièce de vers latins, en la priant de la corriger. « Vous le pourriez bien, lui dit-il, mais je n'ose rien me promettre de votre bonne volonté. »

Elle n'y fut pas prise, et répliqua aussitôt avec sa décision ordinaire :

« Tout de bon, Monsieur, je crois que vous vous moquez un peu de moi. Ce qui me fâche, c'est que je ne me sens pas disposée à m'en mettre fort en colère. »

Le spirituel abbé fit cependant un nouvel essai. Il adressa à Mlle de la Vigne une pièce de vers, français cette fois, dans laquelle

---

[1] Fléchier fanfaron !

[2] Le nom d'*ami*, sans doute.

se trouvaient des détails d'une grâce exquise, et qu'il avait intitulée *le Siècle d'or de Tircis*. Le sujet était assez délicat : Tircis vantait avec beaucoup de feu le temps « où l'on aimait à son aise, » et il le comparait au temps présent, où le sentiment était gêné par bien des entraves.

La jeune philosophe répondit avec gaieté, mais gardant toujours cette sorte de sévérité et de pureté morale qui lui était naturelle.

« Votre Tircis, Monsieur, écrit-elle à Fléchier, est un fort joli garçon. Il faut avouer que son *siècle d'or* n'est pas tout à fait le mien ; mais ce n'est pas d'aujourd'hui que les Tircis et les Climène ne sont pas d'accord. Il y a pourtant certains endroits de votre élégie qui ne s'accordent pas mal avec celle-ci :

> Si le destin, par un bonheur extrême,
> M'eût permis de vivre à moi-même
> Et selon mes justes désirs,
> Mon âme, dans ces lieux, pleinement satisfaite,
> Méprisant les autres plaisirs,
> N'aurait jamais quitté cette douce retraite.

« Si vous voulez de la moralité, Climène en fait, tout de même que votre Tircis.

> A juger sainement, tous les biens d'ici-bas
> Ne sont que des maux véritables ;
> Ceux qu'on estime heureux sont les plus misérables.
> Ils sont chargés de biens, et n'en jouissent pas.
> La plus abondante richesse
> Et de la liberté le précieux lien,
> Et la beauté, ni la jeunesse,
> Ni le renom, ni la noblesse,
> Au vrai contentement ne nous servent de rien.

« Vous voyez bien que ma petite bergère ne fait pas plus d'estime des richesses que votre berger. Encore qu'elle aime les prés, elle n'en fait pas son capital.

> Que du ciel la douce influence
> Remplisse nos champs de bonheur ;

Que la terre, en notre faveur,
Donne des fruits en abondance;
Que nos prés soient vastes et beaux;
Qu'une riche moisson couvre toute la plaine.
Et que nos fertiles coteaux
Ne puissent suffire qu'à peine
Au grand nombre de nos troupeaux...

Au milieu de cette opulence,
Si le cœur n'est pas satisfait,
On est heureux en apparence,
Et bien malheureux en effet.

« En voilà assez, et peut-être deux fois trop. De quelque façon que ce soit, vous voyez, Monsieur, que je tiens ma parole, et qu'il y a des *siècles d'or* pour tout le monde, mais qu'il n'appartient pas à tout le monde de les bien décrire, comme vous ou comme votre Tircis. »

Enfin l'abbé Fléchier se tint pour dit que les allusions sentimentales n'étaient pas du goût de sa correspondante; mais il continua à lui envoyer amicalement des vers faciles, à lui en faire hommage, dût-elle, comme il le dit par allusion aux disputes religieuses du temps sur la prédestination, « les mettre au rang des papiers réprouvés. »

Mlle de la Vigne lui répondait gaiement:

« Je vous prie de croire, Monsieur, que la *prédestination*, chez moi, suit le mérite, et qu'ainsi les vers que vous m'avez fait la grâce de m'envoyer ne pourront jamais être du nombre des *réprouvés*... On en dira ce que l'on voudra, je les présenterai moi-même. Il me semble, Monsieur, que vous me devez savoir quelque gré de ma résolution, et je trouve qu'une personne de mon humeur fait beaucoup pour les gens quand elle se met au-dessus du qu'en-dira-t-on pour l'amour d'eux. »

N'est-ce pas là, Messieurs, un spectacle assez étrange? Celui qui sera tout à l'heure un grand et saint évêque, un prédicateur si éloquent, que Fénelon n'a pas craint de lui faire cette magnifique oraison funèbre : « Nous avons perdu notre maître! » le voici engagé dans une correspondance quasi galante, quoique fort innocente dans sa pensée, et recevant d'une belle et sévère demoiselle des leçons de réserve, adoucies par la bonne grâce et l'amitié !

L'esprit de l'époque peut seul expliquer cette singularité, relevée encore par un détail piquant que je ne passerai pas sous silence.

On sait que Bossuet, à son début, prêcha, ou, comme le dit Mme de Sévigné, *préchotta,* à l'hôtel Rambouillet. Personne ne trouva extraordinaire cet exercice préparatoire, tant l'influence du *Salon bleu* était haute et considérée.

Or voici ce qui arriva.

Un soir, à Saint-Germain, Bossuet, déjà évêque de Condom, donnait à souper à quelques amis. Fléchier, qui n'avait pas encore prononcé sa première oraison funèbre, était du nombre des convives. Après le repas, Fléchier lut des vers de Mlle de la Vigne. Lesquels ? La tradition ne le dit pas ; mais elle nous apprend qu'ils faisaient partie de la correspondance déjà citée, qui durait depuis assez longtemps.

« Ces vers, dit Bossuet, sont charmants, mais *un peu froids*[1]. »

Voilà, Messieurs, l'arrêt porté par ce grave génie, que La Bruyère appellera tout à l'heure *le dernier Père de l'Église.* Le sujet, autorisé par l'habitude, ne le choquait pas plus que le texte d'une romance ne choque, dans nos salons, les personnes sérieuses, qui ne font attention qu'à la musique. Ce que Bossuet critiquait dans les vers de Mlle de la Vigne, sévères à la vérité, mais roulant sur des sujets de galanterie, c'est qu'ils étaient *un peu froids.*

Toute une époque tient dans ce mot-là.

Au reste, les vers d'un ton grave étaient beaucoup plus dans le goût de Mlle de la Vigne que les poésies légères et badines : elle le fit voir en plusieurs occasions.

La nièce de Descartes, esprit de la même famille, sut que la jeune savante étudiait et annotait les œuvres de son oncle. Elle lui adressa une épître en vers, sous ce titre : *l'Ombre de Descartes à Mlle de la Vigne.* Le grand philosophe prenait la parole en fort bons termes, et disait à sa lectrice :

---

[1] *Vie de Fléchier,* par M. l'abbé Delacroix.

> Merveille de nos jours, jeune et sage héroïne,
> Qui, sous les doux appas d'une beauté divine,
> Cachez tant de vertu, d'esprit et de savoir.

Il la remerciait ensuite de l'estime qu'elle accordait à ses ouvrages, et continuait ainsi, avec une vigueur et une grâce que je n'aurai pas besoin, Messieurs, de vous signaler :

> J'apprenais, il est vrai, que plusieurs grands esprits
> Lisaient avec estime et goûtaient mes écrits;
> Mais je voyais toujours régner cette science,
> Ou plutôt cette fière et pénible ignorance,
> Par qui, d'un vain savoir, flatté mal à propos,
> Un esprit s'accoutume à se payer de mots.

Il finissait par ce compliment, d'une trop longue portée assurément, mais exprimé avec bonheur :

> Tout suivra votre exemple, et par vous, quelque jour,
> J'aurai de mon côté la Sorbonne et la Cour.
> Ces grandes vérités, qui parurent nouvelles,
> Paraîtront désormais claires, solides, belles.
> Tel docteur qui, sans vous, n'aurait jamais cédé,
> Dès que vous parlerez, sera persuadé.
> Quand la vérité sort d'une bouche si belle,
> Elle force bientôt l'esprit le plus rebelle...
> Et j'entends déjà dire en cent climats divers :
> *Descartes et La Vigne ont instruit l'univers.*

La pièce se terminait par le reproche de vouloir cacher au monde des connaissances dignes d'être admirées.

Mlle de la Vigne ne pouvait être insensible à un pareil hommage. Sa réponse est curieuse à plus d'un titre. Elle n'est pas toujours également poétique, mais elle rend heureusement les scrupules de sa modestie et son amour sincère de la vie cachée. La voici :

> Quoi! vous m'apparaissez, ombre illustre et savante!
> Que pour moi votre vue est douce et surprenante,
> Et que j'ai de bonheur et de joie en ce jour
> De servir de prétexte à votre heureux retour!

Aux apparitions mon âme accoutumée,
Surprise de vous voir, n'en est point alarmée,
Et déjà le plaisir, par vos flatteurs discours,
S'en va de ma surprise interrompre le cours.

Si j'osais, grand génie, en croire vos paroles,
Ombre, si vos serments n'étaient toujours frivoles,
Quel espoir flatterait mon esprit et mon cœur!
Que je me promettrais de science et d'honneur!
Je verrais par mes soins la vieille erreur détruite,
L'École avec la Cour heureusement instruite,
Et tout le monde enfin, par ma voix excité,
Dans vos doctes écrits chercher la vérité.

En vain me flattez-vous d'une telle promesse!
J'y répondrais fort mal, je connais ma faiblesse;
Je n'ai d'un vieux docteur ni l'air ni les façons,
Et ne me sens point propre à donner des leçons.
Aux grandes vérités je puis céder sans peine,
Mais à les débiter je ne suis pas si vaine;
Mon esprit, par leur poids, peut être assujetti,
Sans, pour les soutenir, qu'il forme aucun parti.
Le cœur me manquerait s'il fallait l'entreprendre.
Pour les bien établir, il faut mieux les entendre;
Je laisse à nos savants l'art de les étaler,
Et je ne les apprends que pour n'en point parler.

Je sais que la plus belle et plus forte éloquence
Bien souvent ne vaut pas un modeste silence;
Que, pour nous, la coutume a fait presque un devoir
De parler rarement et de ne rien savoir,
Et que, si quelque dame a pris d'autres maximes,
Elle le doit cacher comme on cache les crimes.

Que ce soit un usage établi justement;
Que ce soit du plus fort une loi seulement;
Sans doute il est pour elle et plus sûr et plus sage
De vouloir se soumettre à ce fâcheux usage.

J'en excepte plus d'une en qui les justes cieux
Ont joint heureusement tous leurs dons précieux,
Que l'esprit ou le rang, plus grand que l'ordinaire
Dispense de ces lois qu'observe le vulgaire.

Notre siècle fécond produit de toutes parts
De savantes beautés qui n'ont point ces égards.
L'honneur de notre sexe et celui de l'empire,
La sage Élisabeth, que l'univers admire,
S'est-elle assujettie à ces bizarres lois?
Eût-elle, en les suivant, mérité votre voix?
Son nom, déjà fameux par sa naissance illustre,
De son rare savoir tirait un nouveau lustre,
Et son rare savoir, augmentant son renom,
Tirait beaucoup d'éclat de son illustre nom.
Ce n'est qu'à ce nom seul qu'on doit joindre le vôtre;
On vous offenserait de le joindre à tout autre.
Moi-même j'y consens; car d'un homme, aussi bien,
Je ne puis sans rougir voir le nom joint au mien.
C'est une liberté qu'en vain on autorise;
Chez moi l'amour d'un mort n'est pas même permise;
Toute pure qu'elle est, on pourrait la blâmer;
Enfin on a toujours quelque honte d'aimer,
Et les entêtements les moins déraisonnables,
Bien loin d'être approuvés, ne sont pas excusables.
Je vois votre mérite, et, sans prévention,
Je m'en tiens sagement à l'admiration.
Pour porter votre nom au temple de Mémoire,
J'en laisse à vos amis le plaisir et la gloire;
J'en connais quelques-uns dignes de cet emploi,
Qui s'en font un honneur, qui s'en font une loi.
Par eux, bientôt, la Cour, le Barreau, la Sorbonne
Croiront cette doctrine et la seule et la bonne;
Par eux tous vos écrits, tous ces savants traités,
Seront lus hautement sans être contestés.
Par eux mille succès, dont le bonheur extrême
Passera votre espoir, passera vos vœux mêmes,
Rendront également célèbres parmi nous
Votre profond savoir et leur amour pour vous.

Alors, sans faire bruit, sans me faire de fête,
Je chanterai tout bas votre illustre conquête,
Et je saurai, d'un zèle aussi grand que discret,
A ce noble triomphe applaudir… en secret.

Votre bon goût, Messieurs, a saisi au passage quelques vers
faibles, qui restent au-dessous de la pensée; mais plusieurs ne
vous ont-ils pas paru caractéristiques et animés d'une certaine

verve, surtout lorsque Mlle de la Vigne, si studieuse et si docte
elle-même, fronde courageusement la manie des *femmes savantes,*
dans un style que la sage *Henriette* de Molière, quinze ou vingt
ans plus tard, n'aurait peut-être pas désavoué?

Et puis, n'est-ce pas une rencontre imprévue que celle de ces
deux femmes qui, au moment où l'omnipotence d'Aristote s'affaiblit, où le règne de Descartes, du fondateur de la philosophie
française, commence, l'une parente, l'autre élève de ce grand
homme, discutent en vers presque passionnés les moyens de
populariser sa gloire?

Il y a loin, Messieurs, de Descartes, et même de son *ombre,* à
ce pauvre abbé Cotin, si maltraité, trop maltraité peut-être, par
Boileau. Avant de prêcher et de « traîner à ses sermons toute la
terre, » comme le dit le malin satirique, Cotin cédait, ainsi que
beaucoup d'autres, à la manie des petits vers. Il adressa un jour
à Mlle de la Vigne une énigme fort obscure, où il parlait d'un
prince puissant, mais captif, qui se débattait dans ses liens. Il
réclamait pour réponse une autre énigme.

Mlle de la Vigne lui envoya aussitôt celle-ci [1] :

> Sans force et sans secours, tous les jours je m'oppose
> Au plus cruel des éléments,
> Et, sur ma foi, la neige impunément s'expose
> A d'horribles embrasements.

Voilà l'énigme en réplique.

« En m'acquittant de ma promesse, ajoute la railleuse, je vous
rends énigme pour énigme. Vous verrez, par ce qui suit, si j'ai
déviné la vôtre.

> Je connais votre prince et je l'estime fort,
> Quoique de sa prison je ne sois point fâchée;
> A ses liens sa vie est si fort attachée
> Qu'on ne peut les couper sans lui donner la mort.

Sans faire profession de deviner les énigmes, surtout les énigmes

---

[1] *Papiers de Conrart,* mss. de la bibliothèque de l'Arsenal, t. IX.

de sentiment, je ne crois pas me tromper en disant que l'abbé Cotin voulait parler de *l'amour,* et que cette froide puissance invoquée par sa correspondante n'était autre que *l'indifférence,* son arme défensive, celle qui assurait son repos.

Lors même qu'elle paraît se prêter davantage aux allusions badines, elle tient toujours en réserve un trait qui rétablit son caractère et qui l'affranchit de toute concession.

Pendant la guerre d'Espagne, en 1668, un des amis de Mlle de la Vigne, on ne le nomme pas, lui dit en plaisantant qu'un moine espagnol s'était pris de passion pour elle.

Ce fut l'occasion du madrigal suivant [1] :

Sur le pays de l'ennemi,
Il n'est pas défendu de faire une entreprise :
Un cœur d'Espagne, en ce temps-ci,
Est sans doute de bonne prise.

L'Espagnol ne me doit rien
Si je ris de sa harangue;
Lorsque je parlai sa langue
Il me le rendit fort bien.

Du madrigal dont je vous prie,
Vous vous défendez faiblement;
On parle fort bien, quoiqu'on rie;
Et bien m'en prend assurément,
Car, s'il en était autrement,
Je ne parlerais de ma vie.

L'amour est de toute province;
Comme l'Escurial, le Louvre est sous ses lois;
L'Espagnol en tous lieux peut aimer à son choix,
Sans être infidèle à son prince.

D'un ignorant blondin embarrasser le cœur
N'est pas une rare aventure;

---

[1] *Papiers de Conrart,* mss. de la bibliothèque de l'Arsenal, t. XIII.

Il n'est petite créature
Qui n'en sortît à son honneur.
Mais il faut être en grand bonheur
Et précieuse toute pure,
Pour donner de la tablature
A quelque célèbre docteur.

Je n'ai pas les moines en tête;
Étrangers ou Français, je n'en veux point de tels;
Et, si l'humeur me prend de faire une conquête,
Je respecterai les autels.

Remarquez-vous, Messieurs, quel changement de ton dans la dernière stance, et combien le style léger devient grave quand il s'agit, non plus de suivre une plaisanterie, mais de donner une leçon?

Mlle de la Vigne éprouva et conserva toujours une affection mêlée de respect pour la plus célèbre des femmes auteurs de ce temps, vraie Normande celle-là, car elle naquit au Havre, Madeleine de Scudéri.

Notre héroïne avait trente-sept ans, lorsque Mlle de Scudéri, âgée alors de soixante-quatre ans, remporta à l'Académie française le prix d'éloquence, par un discours sur la gloire. Les dames de son entourage, fières de ce relief acquis à leur sexe, résolurent de féliciter la victorieuse. Elles obtinrent de Mlle de la Vigne qu'elle leur servît d'interprète. Elle n'y consentit qu'à la condition du secret. Mlle de Scudéri reçut d'une inconnue un paquet rond, de la grosseur d'une montre, qu'on lui dit être venu par le courrier de Provence. Ce paquet renfermait une boîte mignonne et fort jolie, qui contenait une ode, attachée avec des rubans de diverses couleurs à une petite guirlande de lauriers d'or, émaillée de vert. Voici cette ode :

LES DAMES À MADEMOISELLE DE SCUDÉRI.

Pour le triomphe on s'apprête;
J'entends retentir les airs;
Mêlons nos voix aux concerts
Qui célèbrent cette fête.

Au prix qu'on donne en ce jour
Essayons, à notre tour,
D'ajouter une couronne.
Je sais que c'est trop oser,
Et que, pour Sapho, personne
Ne sait l'art d'en composer.

Mais pour vaincre un tel obstacle.
Faisons quelque effort au moins;
Le ciel peut-être à nos soins
A réservé ce miracle.
Le désir juste et pressant
D'un sexe reconnaissant
Pourrait-il être inutile?
Rien ne doit nous rebuter :
Moins l'entreprise est facile;
Plus elle est belle à tenter.

Venez, filles de Mémoire!
C'est pour Sapho! doctes sœurs…
Venez nous fournir des fleurs
Pour honorer sa victoire.
Et vous, qu'on voit tout charmer,
Grâces! venez lui former
Une couronne immortelle.
Les Muses n'ont-elles pas
Beaucoup moins de savoir qu'elle,
Et vous, beaucoup moins d'appas?

Pleins d'une vaine espérance,
Mille orateurs estimés,
Par le beau prix animés,
Étalaient leur éloquence.
Qui jamais se fût douté
Qu'aucune l'eût disputé
D'entre tout ce que nous sommes?
Mais chacun se mécompta :
Ce que disputaient tant d'hommes,
Une femme l'emporta!

Ainsi l'on voit avec joie
A des chasseurs emportés,
Qu'un vain espoir a flattés,
Souvent échapper la proie.

Après que de leurs efforts,
Des chiens et du son des cors
La biche a su se défendre,
Le juste sort la conduit
A tel qui joint, pour la prendre,
Plus d'adresse à moins de bruit.

Vous dont les doctes ouvrages,
A cent autres préférés,
De tant d'esprits éclairés
Suspendirent les suffrages,
Rien ne peut vous consoler
Que, dans l'art de bien parler,
Une fille vous surmonte.
Mais pourquoi vous plaindre ainsi?
Quel homme peut avoir honte
De céder à celle-ci?

Comment, à la seule vue
De son éloquent discours,
Tous ces Argus de nos jours
Ne l'ont-ils pas reconnue?
Sous quels charmes décevants,
Pour tromper tant d'yeux savants,
S'était-elle déguisée?
Ceux qui lui donnaient le prix
Eurent toujours en pensée
Quelqu'un de nos beaux esprits.

Telle, en ces lieux où Bellone
Fit assembler tant de rois,
Ilion vit autrefois
Une célèbre Amazone.
De tant de Grecs valeureux
Qui, dans ces champs malheureux,
Finirent leur destinée,
Quiconque sentit ses coups
Pensa d'Hector ou d'Énée
Avoir senti le courroux.

D'un succès si mémorable
Conservons le souvenir.
Quel autre, dans l'avenir,
Nous sera plus honorable?

Que notre sexe à jamais
Voue à Sapho désormais
Son encens et ses services;
Qu'il l'aime éternellement,
Et qu'elle en soit les délices,
Comme elle en est l'ornement.

Mais ta couronne achevée
T'invite à la recevoir,
Nymphe, qu'un rare savoir
A sur toute autre élevée!
Vois ces lauriers enlacés,
Qui, sous tes pas ramassés,
Forment ici ta guirlande.
Moins verts les ont nos guerriers,
Et mépriser cette offrande,
C'est mépriser tes lauriers.

Mlle de Scudéri fut très-sensible à cette louange. Elle en remercia, par une quinzaine de vers, *l'illustre secrétaire des dames, quel qu'il puisse être.* « Tout le monde louera votre ouvrage, » lui dit-elle, et elle ajoute ingénieusement :

Il n'a qu'un seul défaut, qui se corrigera...
Mettez-y votre nom; rien ne lui manquera.

Le secret promis à Mlle de la Vigne ne fut pas gardé, et l'on sut bientôt qu'elle était l'auteur du compliment poétique.

Il y a, je le sais, bien des vers faibles dans cette pièce de circonstance, mais du moins reconnaissons-y une facilité gracieuse, un sentiment incontestable de l'harmonie, et souvenons-nous que l'*Art poétique* n'avait pas encore paru [1].

L'année suivante, les armes françaises triomphèrent sur le Rhin. Vous connaissez les beaux vers dans lesquels Boileau a célébré le passage du fleuve et l'impatience guerrière du jeune roi, « que sa grandeur attachait au rivage. » Ce fait d'armes enflamma l'imagi-

---

[1] Il parut l'année suivante, en 1672.

nation de notre *dixième Muse*. Elle composa une ode qui excita l'admiration générale. On n'en connaissait pas d'abord l'auteur; mais on le devina, puis on le sut. Ménage s'écria que « la lyre de Mlle de la Vigne rivalisait avec les trompettes des poëtes anciens et modernes; » Pellisson, que « le souffle de cette poésie était sublime. » Pellisson a cité l'ode tout entière à la fin de son Histoire de l'Académie française. Vous allez juger, Messieurs, de la juste mesure à laquelle il convient de réduire ce concert d'enthousiasme.

Le cadre est ingénieux. C'est le Dauphin, alors âgé de onze ans, qui prend la parole et qui s'adresse ainsi au roi victorieux :

> Tandis que l'âge s'avance,
> Où, dans les fameux combats,
> Animé par ta présence,
> Grand roi, je suivrai tes pas,
> Il faut que, loin des alarmes,
> Sur le bonheur de tes armes
> Je compose des chansons.
> C'est pour célébrer ta gloire
> Que des filles de Mémoire
> Je prends les doctes leçons.
>
> Ainsi, pendant qu'à la Grèce
> Philippe donnait des fers,
> Retenu par sa jeunesse,
> Son fils s'appliquait aux vers.
> Comme moi, sous un grand maître,
> Il apprenait à connaître
> La nature et ses effets;
> Mieux instruit sans doute encore,
> Si le vaillant Sainte-Maure [1]
> L'eût formé sur tes hauts faits.
>
> Plus modéré qu'Alexandre,
> D'un père victorieux
> Je vois l'empire s'étendre,
> Et n'en suis point envieux.

[1] Charles de Sainte-Maure, duc de Montausier, gouverneur du Dauphin.

Que sa valeur triomphante
Ôte à mon ardeur naissante
Le moyen de l'éprouver;
Qu'il subjugue tout le monde...
Si son destin me seconde,
Je saurai le conserver.

N'aspirons qu'à l'avantage
De louer ce conquérant;
Pour un prince de mon âge
Ce dessein n'est que trop grand.
Je sais qu'il faut un miracle
Pour vaincre le moindre obstacle
Qui s'oppose à mon désir.
Mais quoi! le fils d'un Alcide
Dans un dessein plus timide
Trouverait-il du plaisir?

Prêt à surmonter la peine,
J'allais chanter ce grand roi,
Quand la docte Melpomène,
En souriant, vint à moi:
«Jeune prince, me dit-elle,
Je viens soutenir ton zèle
Et partager ton souci.
Chantons ce vainqueur auguste!»
Puis sa lyre elle rajuste,
Et soudain commence ainsi:

«A peine un héros si brave
A la guerre est engagé,
Et déjà le fier Batave
Sous le joug il a rangé.
Déjà cent places de marque,
Au seul nom de ce monarque,
A sa clémence ont recours;
Et mille guerriers illustres
N'avaient pu faire en dix lustres
Ce qu'il a fait en dix jours.

«Mais à sa valeur extrême
Le Rhin semble s'opposer,
Le Rhin, où César lui-même
N'osa jamais s'exposer.

Le roi parle : à sa parole,
Plus vite qu'un trait ne vole,
On voit nager ses guerriers ;
Et leur ardeur est si vive
Que déjà sur l'autre rive
Ils ont cueilli des lauriers.

«Schein, ce fort si redoutable,
Que la nature, au besoin,
Eût rendu seule imprenable,
Si l'art n'en eût pris le soin ;
Ce fort, d'un pays fertile
Le boulevard inutile,
N'a su tenir qu'un matin ;
Et sa garde désarmée
De la triomphante armée
Est le glorieux butin.

«Que devient donc votre audace,
Peuples naguère si vains?
A la première menace,
Le fer vous tombe des mains !
Cette fière République,
Qui crut par sa politique
S'égaler aux plus grands rois,
Malgré ses troupes nombreuses,
Malgré ses places fameuses,
Se voit détruite en un mois.

«Tel en l'Élide étonnée,
Lançant des feux dans les airs,
Le superbe Salmonée
Crut imiter les éclairs.
Jupiter, d'un coup de foudre,
Fit mordre bientôt la poudre
A ce Grec audacieux ;
Et cet enfant de la Terre
Sentit combien son tonnerre
Cédait à celui des cieux.

«Reviens, prince magnanime!
Tant de succès éclatants
Ont assez puni le crime
De ces orgueilleux Titans.

> Bientôt leurs plus belles villes,
> En proie aux fureurs civiles,
> Entre elles se détruiront;
> Et les eaux qu'ils tiennent prêtes
> Pour arrêter tes conquêtes
> Bientôt les avanceront. »

> La Muse à ces mots me quitte,
> Et, de honte se cachant,
> Grand roi! dit que ton mérite
> Est au-dessus de son chant.
> Ne suis-je pas bien à plaindre?
> Sa voix ne saurait atteindre
> Où ta gloire a su monter...
> Pardonne si j'en soupire :
> Mais, ces faits qu'on ne peut dire,
> Qui pourra les imiter?

Sans vouloir analyser cette ode en détail, je conviendrai avec vous, Messieurs, qu'elle ne méritait pas l'excès d'honneur que les contemporains, ou du moins le cercle des beaux esprits dont l'éducation littéraire n'était pas encore achevée, lui accordèrent libéralement. J'en saisis les inégalités, les défaillances de pensée, d'image ou de style. Et pourtant, soit justice, soit prévention favorable, je crois voir, dans cette œuvre incomplète, de la séve, de la vie, des élans qui ne portent pas assez loin, un souffle un peu court, mais enfin des élans, un souffle, choses assez rares dans notre poésie lyrique, après Malherbe, avant J. B. Rousseau. Pour ne pas me compromettre, j'affirmerai hardiment que l'ode de Mlle de la Vigne est supérieure, par le sentiment et par l'harmonie, à l'ode, plus fameuse que célèbre, de Boileau sur la prise de Namur.

Suivant les habitudes un peu enfantines du temps, un cadeau analogue à celui qu'elle-même avait adressé à Mlle de Scudéri fut offert, sous le voile de l'anonyme, à la jeune femme poëte. Elle reçut une boîte de coco, dans laquelle était renfermée une petite lyre d'or émaillé, avec une *ode à Climène*, composée en son honneur. Ce présent venait, dit-on, de Mlle Dupré, fille de Desmarets de Saint-Sorlin [1], encore une savante, adonnée aux études philosophiques, à tel point qu'on la nommait *la Cartésienne*. Mlle de la Vigne se douta de la provenance. C'est ce qui la rendit plus hardie dans sa réponse qu'elle ne l'avait jamais été. La curiosité à satisfaire, la sécurité que lui donnait une certitude presque acquise, lui dictèrent des vers beaucoup plus tendres que de coutume, qu'elle envoya malignement, comme une simple confidence d'amie, à celle-là même qu'elle soupçonnait de l'envoi. Voici cette pièce assez piquante :

> Que ne la gardiez-vous, cette lyre galante,
> Généreux inconnu ? Pourquoi me la donner ?
> Ah ! c'est sous votre main délicate et savante
>   Qu'elle doit résonner !
>
> Du moins, pour me la rendre encor plus précieuse,
> Fallait-il à mes yeux soudain vous découvrir,
> Et ne me cacher pas cette main généreuse
>   Qui devait me l'offrir.
>
> Souvent mon cœur, flatté par la fausse apparence,
> Presque en tous mes amis croit vous apercevoir,
> Et pour eux tour à tour sent la reconnaissance
>   Que je crois vous devoir.
>
> Quelle tranquillité ne le cède à la vôtre !
> Quoi ! jamais de vos droits vous ne serez jaloux,
> Et vous voudrez toujours que je donne à quelque autre
>   Ce qui n'est dû qu'à vous ?
>
> Pour vous, je le promets, j'aurai de la tendresse,
> Pourvu que vous vouliez bientôt vous présenter.
> Peut-être est-il des gens qui, par cette promesse,
>   Se laisseraient tenter.
>
> Croyez-moi, montrez-vous, tandis qu'à vous connaître
> On me voit employer mille soins superflus.
> Vous viendrez par malheur vous découvrir peut-être
>   Quand je ne voudrai plus.

---

[1] Un des premiers membres de l'Académie française, auteur du malheureux poëme de *Clovis*.

Honteuse, quelque jour, de me voir engagée
A la tendre amitié qu'aujourd'hui je promets,
Je crains de souhaiter, dans mon âme changée,
De ne vous voir jamais.

Déjà de ma promesse en secret je soupire;
Je sens qu'à la tenir il y va trop du mien,
Et, si vous me laissez le temps de me dédire,
Je ne réponds de rien.

Comme effrayée d'un tel essai de coquetterie provocante, Mlle de la Vigne se hâte d'ajouter à son madrigal cet envoi, à l'adresse de Mlle Dupré :

Que votre austérité m'excuse,
Si j'ose à l'inconnu parler si tendrement.
Entre nous, ce n'est qu'une ruse
Pour le tirer plus tôt de son déguisement.
Ma promesse est un peu hardie,
Mais à la faire, Iris, je ne cours nul hasard;
Je lui dirai, s'il vient : Je me suis repentie,
Et vous venez trop tard.

Mlle Dupré, sans trahir son incognito, voulut donner une gracieuse leçon à cette débitrice qui faisait si bon marché de sa dette. Elle lui envoya ce spirituel sixain :

Usez de quelque autre finesse!
La grandeur de votre promesse
Fait que je n'en croirai personne sur sa foi.
Pour gagner cette récompense,
Est-il un honnête homme en France
Qui ne vous dise pas : c'est moi!

Vous voyez que, même dans ses plus grandes audaces, Mlle de la Vigne gardait sa réserve habituelle, et qu'elle tenait la gageure d'échapper, non-seulement aux troubles du cœur, mais à un engagement plus sérieux et plus paisible, que ses talents et ses agréments personnels[1] rendaient naturel de prévoir. Il faut bien aussi dire, à sa décharge, qu'elle avait alors trente-huit ans.

[1] Son portrait, œuvre de Ferdinand, et gravé par Schmidt, présente la phy-

C'est encore à Mlle Dupré que Mlle de la Vigne adresse une ode qui n'est, au fond, qu'un compliment d'amitié. Nous y trouverons l'abus, si fréquent alors, de la mythologie, et une certaine hardiesse de ton, que la femme poëte se permettait sans conséquence avec une de ses pareilles [1] :

> Je n'en fais pas trop la fine,
> J'aimais le docte Apollon ;
> Il est dieu de bonne mine,
> Et touche le violon ;
> Et, ce qu'au siècle où nous sommes,
> Chez les dieux et chez les hommes,
> On prise le plus encor,
> C'est, ô l'heureuse aventure !
> Que, parmi sa chevelure,
> Il porte la toison d'or.
>
> Pour m'attirer sa tendresse,
> Je le suivais dans les bois,
> Et tâchais avec adresse
> De m'accorder à sa voix.
> Mais, oserai-je le dire ?
> Ma conduite était bien pire,
> Lorsque seule en quelque lieu,
> Sans abaisser la paupière,
> Je passais la nuit entière
> Auprès de ce jeune dieu.
>
> Par quelque prière ardente,
> Et par des discours flatteurs,
> Je me rendais complaisante
> Pour obtenir ses faveurs.
> D'autres fois, d'un air sévère,
> Je feignais de la colère,
> M'en plaignant de toutes parts,
> Sans que mes cris ni mes feintes,
> Mes reproches ni mes plaintes,
> M'attirassent ses regards.

sionomie la plus gracieuse. On le voit dans la *Biographie des poëtes normands,* article de M. Raimond Deslandes. (Bibliothèque de la ville de Caen.)

[1] *Papiers de Conrart,* mss. de la bibliothèque de l'Arsenal, t. IX.

Sur le sommet du Parnasse,
Malgré lui, je fus un jour,
Pour voir si ce cœur de glace
N'avait point là quelque amour.
«Une nymphe merveilleuse,
Docte sans être orgueilleuse,
Et belle sans vanité,»
Disaient les sœurs alarmées,
«De cent chaînes enflammées
Le tient en captivité.

«Seule elle a pour lui des charmes;
Pour elle il fait ses chansons,
Et raille des justes larmes
De ses plus chers nourrissons.
Pour gage de sa constance,
Il lui donne l'éloquence
Et l'art de faire des vers.
D'un grand nom il nous amuse;
La nymphe est la seule Muse
Qui soit dans tout l'univers.»

Quelle fut ma jalousie!
On le peut fort bien juger.
J'aurais hasardé ma vie,
Afin de mieux me venger.
Je fuyais désespérée,
L'âme et la vue égarée,
Sans rien répondre aux neuf Sœurs,
Quand j'aperçois, dans la plaine,
Le triste objet de ma haine,
Qui goûtait mille douceurs.

Je courus à la vengeance
D'un pas fort précipité.
Que ne peut par une offense
Un fier esprit irrité!
Déjà j'ai pris mes mesures,
Et, pour venger mes injures,
J'allais lancer plusieurs coups...
Bons dieux, l'étrange méprise!
Jugez si je fus surprise
Quand je vis... que c'était vous!

Je change alors mes reproches
En douceurs, en compliments,
Et mes terribles approches
En de doux embrassements.
«Oui, dis-je, je vous le cède,
Je veux qu'Apollon possède
L'honneur d'être sous vos lois.
Il est juste qu'il vous aime;
Je vous chéris trop moi-même
Pour oser blâmer son choix. »

N'auriez-vous plus en mémoire,
Un si bel événement,
Vous qui voulez faire croire
Qu'Apollon est mon amant?
Vous sentez ce que vous êtes,
Et que ce dieu des poëtes
De vous seule est amoureux.
Caliste! il n'est pas honnête,
Dans une grande conquête,
D'insulter aux malheureux.

On peut traduire en une ligne cette ingénieuse mais trop longue allégorie : « Vous louez mon talent poétique; le vôtre est supérieur au mien. »

Un billet en vers, un petit madrigal à peine achevé, épuisera ce que nous savons de cette correspondance poétique de Mlle de la Vigne avec sa gracieuse amie[1]. En lui adressant un paysage qu'elle avait peint sur verre, elle y joignait ce petit envoi, dont le mouvement est agréable et la fin trop négligée.

Nous peignons toutes deux, mais fort diversement:
Avec bien du travail, j'imprime sur le verre
Des traits qu'on peut rompre aisément;
Et vous, sans y penser, sur la plus dure pierre,
En gravez, je ne sais comment,
Qui durent éternellement.
Je vous y crois maîtresse, et vous fais un hommage
Du fruit de mes faibles travaux.

[1] *Papiers de Conrart*, mss. de la bibliothèque de l'Arsenal, t. IX.

> Ne croyez pas qu'il vous engage
> A produire pour moi des chefs-d'œuvre nouveaux.
> Caliste! il ne m'en faut nullement davantage;
> Vous ne m'avez donné que trop de votre ouvrage.

Effaçons les derniers vers, et ne dédaignons pas les premiers.

C'est dans les derniers temps de la vie de Mlle de la Vigne qu'il faut placer deux morceaux, médiocrement importants sous le rapport poétique, mais non comme signe de caractère; ils ont pour titre, l'un *la Passion combattue*, et l'autre, *la Passion vaincue*.

Dans le premier, c'est un berger, suivant la mode contemporaine, qui prend la parole :

> Vaine beauté, que voulez-vous de moi?
> Quels sont vos droits, Iris, pour engager ma foi?
> Ah! sur mon cœur cessez de rien prétendre;
> Cessez de le faire souffrir!
> Le ciel ne l'a pas fait si sensible et si tendre
> Pour aimer ce qui doit périr.

Voilà un berger qui ressemble beaucoup à un philosophe chrétien, et Boileau ne l'aurait pas rangé parmi ces fades soupirants qui disaient, dans un tout autre langage :

> On n'a reçu du ciel un cœur que pour aimer [1].

La bergère qui figure dans la seconde pièce, un sonnet en règle, n'est pas moins nette dans ses conclusions. Voici le petit tableau de genre, où, derrière l'héroïne, on aperçoit la gracieuse moraliste, solidement armée contre les assauts de la passion :

> La bergère Liris, sur le bord de la Seine,
> Se plaignait l'autre jour d'un volage berger.
> « Après tant de serments, peux-tu rompre ta chaîne,
> Perfide? disait-elle; oses-tu bien changer?
>
> « Puisqu'au mépris des dieux, tu peux te dégager,
> Que ta flamme est éteinte et ma honte certaine,
> Sur moi-même de toi je saurai me venger,
> En ces flots finiront mon amour et ma peine. »

---

[1] Satire X, vers 140.

A ces mots, résolue à se précipiter,
Elle hâte ses pas, et, sans plus consulter,
Elle allait satisfaire une fatale envie...

Mais bientôt, s'étonnant des horreurs de la mort,
« Je suis folle! dit-elle en s'éloignant du bord ;
Il est tant de bergers... et je n'ai qu'une vie! »

Telle est, dans Mlle de la Vigne, la dernière touche du sentiment.

Voulons-nous maintenant essayer de résumer en quelques lignes ses titres poétiques.

Ils sont peu de chose, si l'on regarde à l'exiguïté du volume qui les contiendrait, et si on les sépare de l'originalité de sa vie.

Ils ont quelque valeur, si l'on se souvient qu'elle ne fut pas un auteur de profession, comme plusieurs des femmes de son cercle, mais une femme poëte amateur, pour ainsi dire, plus occupée de ses études silencieuses que du bruit qui se faisait autour d'elle. Les éloges hyperboliques d'hommes tels que Huet, Pellisson, Ménage, auraient pu l'éblouir, si elle eût été moins sincèrement philosophe. L'absence de toute passion donne de la sécheresse à sa manière, mais ne lui ôte ni l'esprit, ni la grâce, ni la facilité, ni l'harmonie. C'est même un défaut qui tourne quelquefois à son honneur, en lui suggérant des vers bien frappés, qui ne seraient pas indignes de Molière. Précieuse à part sous le règne des précieuses, plus avancée qu'elles dans la voie de l'amour désintéressé, car elle ne veut pas même de l'adoration respectueuse, elle passe à travers la société des premiers temps du xviie siècle comme une figure tout à la fois grave et enjouée; et son langage pur, lucide, rarement coloré, reflète sa disposition morale.

Mlle de la Vigne n'est point une gloire parisienne ou normande; c'est un talent aimable, marqué d'un cachet particulier, qui ne déparera pas les annales littéraires, et qui méritait quelques lignes de bon souvenir.

Imprimerie impériale. — 1866.

www.ingramcontent.com/pod-product-compliance
Lightning Source LLC
Chambersburg PA
CBHW051746050726
47598CB00003B/1351